『もし目が見えなくなったら』発刊にあたって

　人生半ばで目が見えなくなったら・・・、多くの方にとってそれは恐ろしい事であり、普段は想像さえしないことかもしれません。しかし糖尿病・緑内障・事故など失明する原因は身近に潜んでいます。そこでこの度、視覚障害者の生活・就業・各種手続きについてわかりやすくまとめた解説書を活字・点字合本で作成いたしました。

　失明宣告を受けた方、既に失明されて今後の見通しが立たない方やそのご家族、医療関係者、各自治体の障害福祉担当の方など万が一の時に困らないよう、多くの方にご一読いただければ幸いです。

　もしあなたが人生半ばにして目が見えなくなったとしたら！！一般的にイメージされるのは、「何もできない」または「何もできなくなってしまう」という恐れかと思います。

　健常者の立場から見れば、やはり視覚に障害を持つと今までの様なごく当たり前の普通の日常生活はかなり難しいと考えられがちです。

　しかし適切なリハビリテーション（訓練）をすることによりＱＯＬ（quality of life　生活の質）はかなり向上します。

　また少しでも見えないことによる不便さを軽減するための、日常生活に便利な補助機器が多く開発されていますし、日常生活を支えるための様々な制度が準備されています。

　これらの制度や補助具、リハビリテーションを活用してすべてのことは見えるころと同じにできるようになるのではなく、見え

なくても、見えづらくてもできることを一つでも自力で増やすことを目標に、今後の生活プランを組み立てて行ってください。

また見えなくても慣れた場所であれば、聴覚や触覚・嗅覚など残された四つの感覚を活用して、できることを増やしていくことができます。

本書ですべてのことを紹介することはできませんが、少なくとも「何もできない」から、どう工夫すれば時間はかかっても「できた」に変わるのかご紹介できればと思います。

そして自分でできることが一つでも増やせる喜びや、周囲の協力を得ながら、「できた」という達成感を感じていただくためのヒントにしていただければと願っています。

最後に、本書の作成にあたりご助成賜りました財団法人日本宝くじ協会並びにご協力いただいた皆様にお礼申し上げます。

目　　次

Ⅰ　失明とは　………………………………………………　3

Ⅱ　目が見えなくなったらどうなるか？　……………　6

Ⅲ　失明した場合まず行うこと　…………………………　10

Ⅳ　失明後の人生　…………………………………………　15

Ⅴ　監修のことば　…………………………………………　20

Ⅰ　失明とは

　視覚障害者の支援に携わる人の実務手引書として有名な、トーマス・J・キャロル著『失明』（BLINDNESS）は、「視力のそう失は死を意味する」というショッキングな書き出しで始まります。

〈引用〉　われわれ人間は、健全な社会生活を営むためには、視力を必要とするのが普通である。したがって、視力をそう失するということは、視覚を使っての人並みの生活が終焉したこと、すなわち普通の生活の「死」を意味する。この「死」の訪問が急な場合もあるし、緩慢な場合もあるが、いずれにしても人間そのものの一部となっている生活手段、方法、他人との関係、環境への適応といったようなものが終焉したことになることは間違いないところである。

　キャロルはまた次のようにも述べています。

〈引用〉　たしかに、失明は失明者本人、家族、友人等に、測り知れない影響を与える大きな悲劇ではあるが、人生にはそれ以上の悲劇があることも事実である。したがって、失明者が失明に当って最初になすべきことは、失明という現実を受け容れ、失明の問題に真正面から取り組むことである。（中略）しかしながら、ここで忘れてはならないことは、視力がある人が死んでも、その代わりに新しい失明者が生まれたのであり、さらに楽しい人生が開かれてくるということである。

　「失われたものを数えるより、残されたものを数えよう」「盲目は不自由なれど不幸にあらず」という言葉があります。前向きに、プラス思考で考えることができるようになれば、失明も能力になります。今日の生活に欠かせないコンピューター、インターネット、携帯電話、スマートフォンといったものを誰もが使いやすく

できたのも、視覚障害当事者がその開発に関わったからです。このように考えると、失明もまた社会発展の原動力になります。

1．失明の定義

　一般に失明とは、それまで視力のあった人が、視力を失う、中途失明の意味に用いられます。失明の程度も、全く明暗を区別できない状態（全盲）から、明暗のみを区別できる状態（光覚弁）、眼前の手の動きのみを認識できる状態（手動弁）、眼前の指の本数を数えられる状態（指数弁）まであります。これに視野狭窄や中心暗点が伴うなど、個々多様です。

　わが国では眼科的失明（指数弁＝視力0.01以下）を盲としています。一方、世界保健機関（ＷＨＯ）の基準では、盲は良い方の目の矯正視力0.05未満、もしくはそれに相当する視野障害（視野が10度以内）がある場合をいい、視力0.05～0.3未満をロービジョンといいます。また、米国では盲は視力0.1以下で、「眼科的失明」ではなく「社会的失明」を意味します。この捉え方の差が、わが国と欧米との社会的施策の違いとなっています。

　わが国の福祉施策の基礎データとされている視覚障害者数は、身体障害者手帳から5年毎に推計され、約30万人強で推移しています。その手帳新規登録者の原因眼疾患第1位は、以前は糖尿病網膜症でしたが、今は緑内障となっています。また、網膜色素変性症や遺伝性視神経萎縮など治療が難しい疾患も未だ数多く、緑内障、糖尿病網膜症や加齢黄斑変性などでは、治療によっても視機能が回復できないことが少なくありません。このようなことから、ロービジョンケアの重要性・必要性が高まっています。

　実際に生活の不自由、就労の困難を自覚するようになるのは、良い方の目の矯正視力が0.5未満といわれています。その意味で、

日本眼科医会の研究報告書を紹介します。

日本眼科医会研究班報告（2007 年調査）「日本における視覚障害の社会的コスト」は、国内の視覚障害者数を米国の基準を使って算出したところ、164 万人（失明者はそのうち 18 万 8 千人）にのぼり、視覚障害による生産性や Q O L（生活の質）の低下などでもたらされる社会損失額は約 8 兆 8 千億円になると試算しています。20 年後には 25%増の 200 万人に達し、大幅な社会負担が増える見通しで、眼疾患の予防や治療、ロービジョンケアなど、対策の必要性を指摘しています。

２．ロービジョンケア

2012 年 4 月から、ロービジョンの診療報酬化が「ロービジョン検査判断料」として新設されました。眼科医療では眼科検査を行い、患者の保有視機能を評価し、それに応じた適切な視覚補助具の選定・訓練をし、生活訓練・職業訓練を行っている施設等との連携を含む療養指導管理を行うものとしています。これはまさに眼科医療におけるロービジョンケア、すなわちロービジョンリハビリテーションの役割を明確にしたものです。このようにして、患者の保有機能を最大限に活用し、Q O L の向上を目指すのがロービジョンケアです。

ロービジョンケアは眼科医療から早期に開始されることにより、問題を複雑化させず、解決に導きます。そのような考え方から、日本眼科医会もロービジョンネットワークの構築を目指し、各地で日本版スマートサイト（ロービジョンケア推進プロジェクト）の取り組みが始まっています。

Ⅱ　目が見えなくなったらどうなるか？

1．不安

　もし目が見えにくくなってきたら、誰でも眼科を受診すると思います。その時、医師から「良くなることは難しいだろう。将来的に失明するかも知れない。」と宣告されたとしたら、今の生活や仕事だけでなく、将来についてもきっと不安でどうしてよいかわからなくなってしまうと思います。

　人は視覚から8～9割の情報を得ているといいますので、「目が見えなくなったら何もできなくなってしまう。」と考えてしまうのはごく自然なことだと思います。

　目が見えにくくなるといっても、視力が低下するだけでなくいろいろな症状があります。屋外に出るとまぶしくて見えないとか、少し暗いところに入ると見えなくなるとか、また、視力だけでなく視野が欠損するなど、その症状は一人一人違います。

　「見えない、見えにくい」という状態を、周囲の人に理解してもらうのはとても難しいことです。職場の人はもちろんのこと、たとえ家族であってもそれは同じで、その困難を一緒に受けとめられるようになるには、葛藤もあり時間もかかります。そしてとくに視力低下が進行している場合、できなくなることが増えるにつれて精神的にも不安定になる人が多いといわれています。新聞などの文字からの情報が乏しくなり、話題について行けなかったり、必要な情報さえも入ってこなくなり孤立してしまいがちです。そういう時こそ家族や友人の理解とサポートが大切だと思います。

2．見えなくなって困ること

　視力低下が進むと、文字の読み書きに不自由を感じるようにな

ります。銀行や役所の窓口で手続きを代筆してもらったり、買い物では店員さんに商品を探してもらい、価格や内容の説明をお願いします。

目が見えないと慣れない場所に行くことが苦手になります。看板や建物の表示が見えなくて、ビルの入口などがわかりにくく、周りの方に聴いたり案内をお願いしたりします。道路では信号を渡ったり歩道の段差や障害物など、多くの危険があります。それをクリアするには、目的の場所までの歩行訓練を受け、頭の中に地図を描いて記憶し、自立できるように努力します。

交通機関の利用もホームや階段の位置や乗り換えなどが不安になります。駅や電車内でアナウンスを聞き逃してしまうと、自分が乗りたい電車や降りたい駅がわからなくなったりします。しかし、不慣れな駅を利用するときは、改札で駅員さんに乗り換えの誘導をお願いすることができます。

３．歩行の安全

安全に外出するには「白い杖」を持つ必要があります（道路交通法第 14 条で規程）。白い杖を持っていることで車が止まってくれたり、自転車や人も気付いて避けてくれるようになります。杖で足元の安全確認をすることで路上の障害物に気付き、段差の恐怖もなくなるのです。白い杖の使い方は、できればきちんと歩行訓練を受けて習得することをお勧めします。また、外出先で何か困ってサポートを受けたいときも、白い杖を持っていることで、視覚障害を理解してもらうのが容易となります。

４．日常生活

目が見えにくくなると食事のとき、器の配置や料理の内容がわ

かりにくかったり、お箸の使い方が下手になったりします。いつの間にか置かれたお茶に気付かずにこぼしてしまったりすることもあります。そのような場合は一言告げて置いていただけると助かります。

　最近の家電品は高齢者や障害者にもやさしい設計のものもあります。しかしながら、まだまだ視覚障害者にはエアコンやテレビのリモコンは操作しやすくなったとはいえないと思います。

　調理は火の取り扱いや刃物、熱湯や油など、危険がいっぱいです。しかし、危険だからといってやらないわけにはいきません。主婦だったり、また独り暮らしをするためにも生活訓練を受けていろいろな工夫を習得すると良いと思います。

　身の回りの物はきちんと整頓して置き場所を覚えておきましょう。置き忘れるとどこにあるのかわからなくて、探すにも苦労しなくてはなりません。

　金融機関やコンビニのＡＴＭでは、画面の左側に設置してあるハンドセットを使って視覚障害者でも操作ができるようになっています。ただし、振込はタッチ画面で操作しなくてはできないので、銀行の方に操作を手伝ってもらうか窓口での手続きを代筆してもらうことになるかと思います。視覚障害者も多くの人がＩＴの恩恵を受けており、自宅や職場でパソコンを使いこなしています。パソコンを音声ソフトを使って操作し、ネットバンキングを利用する視覚障害者も多くなりました。

　身だしなみについては洋服の組み合わせ、お化粧やヘアスタイルなども自信が持てなくなってしまいます。色を認識して音声で教えてくれる機器もありますが、家族や友人にアドバイスしてもらったり、化粧品売り場や洋服売り場の方と仲良くなるのも一手かと思います。

洗濯や掃除なども、目が見えなくなるととても時間がかかるし、きれいになったかどうかの確認に不安を感じるようになりますが、家族や友人に時々チェックしてもらうようにすると良いと思います。

５．コミュニケーション

目が見えないと「あれ」とか「これ」と言われて、何を指しているのかわからなくて困ることがあります。テレビのニュースや天気予報などで情報が多いためか、「ご覧のとおりです。」ということがよくあります。表示されているテロップも読み上げてくれないと視覚障害者には情報が届きません。

人の顔が見えなくなると、近所の方やお友達に出会っても誰だかわからなくて失礼な対応をしてしまったり、挨拶ができなくて相手に誤解されてしまうことがあります。機会をとらえて、相手の方になるべく名前も告げて声をかけていただけるようにお願いしましょう。ご近所とのお付き合いも大切にし、地域でも障害を理解してもらえるように心がけましょう。

小さいお子さんのお母さんにとって、担任の先生との連絡帳や学校からのお知らせのプリントなど、それらの読み書きが不自由になると誰かに読んでもらうなどのサポートが必要です。学校側にこちらの状況をきちんと伝え、連絡事項をメールで伝えていただくなどの配慮をお願いしておくと良いと思います。

仕事についてもその職種によっては継続が難しくなります。業務の遂行だけでなく通勤も不安が出てきます。

あなたと同じ悩みを持つ人は大勢おられます。あきらめないで、視覚障害の仲間がどんな工夫をして普通に生活しているかを知ってください。そして、家族など周囲の人達のサポートも受けながら不便さを一つずつ解消して、本来の自分を取り戻しましょう。

Ⅲ　失明した場合まず行うこと

　目が見えなくなったらまず何をするの？　誰もが最初はどうすればいいかわかりません。
　　・目が見えなくても生活はできるの？
　　・目が見えなくても仕事はできるの？
　　・福祉制度はどうなっているの？
　これらの疑問に対しては、正しい情報提供と、必要な支援を受けられるように援助することが必要です。最初に関わりを持つ眼科医からの情報が、その人の方向性を決める鍵となります。そのために、眼科医は患者の状態に合わせて、できるだけ早期に、社会復帰に繋がる情報を出すことです。しかし、その時のタイミングが大事で、その気持ちになっていないと、肝心の情報も素通りしてしまいます。欲しい時に欲しい情報が得られるようにすることです。また、福祉制度を活用できるように、身体障害者手帳（以下、手帳）に該当する場合は、手帳の役割とそのメリットを説明し、手帳の取得を勧めることが必要です。

１．障害の受容とリハビリテーション

　何をするにも障害の受容が大事だといわれます。そのためにも、失明を告知し、心のケアを行い、見守り、励ますことが必要です。仲間との交流の中で受容もできていきます。リハビリテーションを受け、できないと思っていたことができるようになることは、本人の自信回復につながり、可能性を切り開いていく力になります。

２．繋がる・交流

　どんなところに繋がるとよいのでしょう。視覚障害者の専門施

設である視覚障害者情報提供施設（点字図書館）や視覚特別支援学校（盲学校）の他に、患者団体、福祉団体、障害者団体などがありますが、その人のニーズにもよりますので、一概にここが絶対ということはいえません。市区町村の障害福祉担当課に相談したり、インターネットで検索したりするのも一つの方法です。就労に関してなら、「中途失明　就労」で検索してみるのもよいでしょう。そして、大事なのは、視覚障害者自らが実際に行動し、直接交流することです。

３．身体障害者手帳

　身体障害者手帳は、身体に障害のある人が各種の援護制度を利用するために必要なパスポートのようなものです。我が国の公的な障害者福祉サービスのほとんどは、この手帳所持者に限定してきました。手帳の交付対象となる障害の範囲は、身体障害者福祉法別表によって定められ、視覚障害の程度によって１級～６級に区分されます。障害の程度が変化した場合には、再認定を受けて等級変更ができます。

　申請窓口は市区町村の障害福祉担当課です。申請書類の診断書をコピーしておくと、障害年金等の申請や、就労相談の時に役立つことがあります。

　手帳を取得することで、同行援護（外出支援）をはじめとする様々な福祉サービスが受けられます。補装具や日常生活用具の給付、公共交通機関の割引など、多くのメリットがあります。

　なお、2013年4月から障害者総合支援法が施行され、指定難病に該当する人は、手帳がなくても福祉サービスが受けられる場合があります。

４．障害年金

　障害年金には、障害基礎年金、障害厚生年金、障害共済年金がありますが、どの障害年金を得られるかは初診日にどの年金制度に加入していたかで決まります。

　年金の等級は、手帳の等級とは関係なく、手帳の有無にかかわらず、以下の年金支給の要件基準で判断されます。

　１級は「日常生活の用をたすことができない程度」（手帳の概ね１〜２級）、２級は「日常生活に著しい制限を受ける程度」（手帳の概ね３級）、３級は「労働が著しい制限を受けるか又は労働に著しい制限を加えることを必要とする程度のもの」となっています。

　初診日に国民年金に加入していた場合（あるいは年金制度未加入の 20 歳未満に初診日がある場合）、国民年金から「障害基礎年金」が支給されます。ただし１級、２級の人のみが対象です。障害基礎年金に３級はありません。

　初診日に厚生年金に加入していた場合、国民年金から「障害基礎年金」、厚生年金から「障害厚生年金」が支給されます。ただし、「障害基礎年金」と「障害厚生年金」がダブルで支給されるのは１級、２級の人のみです。３級の人は、「障害厚生年金」のみ支給されます。

　初診日に共済年金に加入していた場合は、厚生年金と同様の扱いになります。

　何れにしても、障害年金は制度自体が複雑なため、障害年金を受け取るには様々な要件やハードルをクリアしなければなりません。初診証明が取得できないなど、受け取れる権利があるにもかかわらず、受給できていない方もいます。社会保険事務所等に相談するだけでなく、障害年金に詳しい社会保険労務士などに相談することをお勧めします。

５．自立訓練（機能訓練）

　視覚に障害を受けて、日常の生活や外出時の歩行などに不便を感じたら、自立訓練（機能訓練）を受けることが必要です。国立障害者リハビリテーションセンター（埼玉県）など、国の事業の他に、地方自治体や社会福祉法人の事業としても行われています。機能訓練は「歩行」「日常生活動作」「コミュニケーション」などに区分されます。訓練形態としては、入所・通所・訪問があります。

　訓練を受けるには、手帳が必要ですが、指定難病の場合は、手帳がなくても受けられます。相談窓口は市区町村の障害福祉担当課です。入所等を希望する場合、事前に施設等を見学し、訓練の内容等を確認することが大切です。

６．職業訓練

　国立職業リハビリテーションセンター（埼玉県）などの職業能力開発校では、視覚障害者が主に事務系の分野で活躍できる人材を養成しています。訓練を受けるには、必ずしも手帳の有無を条件としていません。

　これらの他に、民間施設を活用した「障害の態様に応じた多様な委託訓練」があります。この中の在職者訓練は、これまでの経験や知識を生かせるように、その人のニーズに合ったプログラムを組めるのが特徴です。これらの職業訓練については、直接施設に問い合わせるか、最寄りのハローワークに相談してください。

　また、福祉サイドの訓練として、就労移行支援があります。この訓練を受けるには、手帳を所持していることが必要ですが、指定難病の場合は、手帳がなくても受けられます。市区町村の障害福祉担当課を通じて申し込みます。

7．就労継続のためのロービジョンケア

　視覚障害による失業を防ぐためには、在職中にロービジョンケアを開始し、早期に医療から、「視覚障害があっても働ける」とのメッセージを当事者と雇用主へ出すことが重要です。そして、ハローワークや障害者職業センターなどの就労支援機関に繋がることが大事です。また、職業訓練を受ける時や職場復帰する時の診断書の内容は、目的にかなったものでなければなりません。保有視機能の状態と必要な支援・配慮事項などを記載した情報提供書により産業医・人事労務担当者と連携を図ることも大切です。

8．特別支援教育

　視覚障害の学校は、特別支援学校（いわゆる盲学校）、特別支援学級（いわゆる弱視学級）、通級指導教室（いわゆる弱視指導教室）と区別されています。盲学校は各都道府県に最低1ヶ所は設置されており、視覚障害教育の拠点となっていますので、教育のことについては、まず盲学校に相談することをお勧めします。

9．職業教育

　ほとんどの盲学校の高等部には職業教育として、あはき師（あん摩・マッサージ・指圧師、はり師、きゅう師）を養成する職業教育課程が設置されています。

　また、国立障害者リハビリテーションセンターなどにも就労移行支援（養成施設）が設置されており、盲学校と同様のあはき師の養成が行われています。ただし、こちらは厚生労働省が所管するため、2013年4月施行の障害者総合支援法の規定に基づく費用負担があります。

Ⅳ　失明後の人生

　人生にとって視覚に障害を持つというのはとても大きな転機です。

　一般的に見えることは健常者の方にとって空気と同じで何も特別なことではないのです。

　しかし目が見えづらいまたは見えなくなった時、今まで何も苦労なく当たり前にできていたことができなくなり、それを本人も周囲もなかなか認められず、恥ずかしいことと捕らえてしまいがちです。

　本当は目が見えないことが恥ずかしいのではなく、その日常的な動作や挙動、感情のない表情など他人の目から見て違和感があり、例えば汚れてよれよれの服装や見栄えのしない外観、体臭や口臭、不潔そうな様子など、見た目で判断されてしまいがちなのです。

　これらは本来目が見えるとか見えないとかは全く関係ないお話なのですが、見えないと周囲の様子が判断できず周りへの関心が薄くなってしまうためにおこる現象かもしれません。

　目が見えなくても、本人の自覚や周囲の協力を得られれば服装や外観、お化粧やさわやかそうな清潔感のある外観など少し気を遣うだけでも周りの印象は変化しますし、目が見えなくてもスピーディーにスマートな挙動や動作ができるようになれば周囲の見る目も変わります。

　普通のままではできないことも、周囲のさりげない協力を得て実現したり、仮にすべてではなくても自力でできるように創意工夫していくことが大切ですし、適切なリハビリテーションと周囲の協力や助言を得て改善していくことができます。

そして私たちの社会にはすでに様々な工夫がされています。

例えばお金。お札には手で触れて確認できるマークが付けられていますし、お札の長さも金額によって少しずつ異なります。小銭についても触感や材質、大きさや重さなども異なります。

これらを触覚で確認したり、ポケットの別れたお財布などを使用すれば、自力での金銭管理ができます。金銭管理は社会的な自立の基本です。音声や点字表示の機能があるＡＴＭや、テレフォンバンキング、ネットバンキングなど様々なインフラもあります。様々な製品に触覚で確認できるマークや点字の表示がされているのもさりげない配慮です。

できないことを嘆く前にできることを一つでも増やして快適な人生が送れるようになればいいですね。

１．歩行

目の見えない人が安全に移動する手段として「白い杖、ガイドヘルパー、盲導犬の利用」などの方法があります。

それぞれメリットとデメリットがありますので、ご自身の目的に合わせて選択する必要があります。

また最近では、障害物があると検知して振動で教えてくれる補助具などもありますし、衛星やＧＰＳを使用した歩行補助具もありますので、使用方法を習得すれば人にもよりますが単独歩行も可能です。

白い杖や盲導犬など、それぞれの方法を身に付けるためには訓練が必要ですので、まずはガイドヘルパーの方と歩くことから始め、徐々に単独歩行の方法を獲得していってください。

なお白い杖や盲導犬の訓練はそれぞれ専門の施設があり、地域や訓練内容によっては在宅での訓練も可能です。歩行訓練士の訪

問指導も地域によっては行われていますので、詳しくはお近くの市役所の福祉窓口などにご確認ください。

2．文字の読み書き

　視覚障害者の文字としては点字が良く知られていますが、現在ではパソコンや録音図書、代筆の制度もありますので点字だけではありません。

　もちろん「点字の習得」ができれば理想的ですが、他の方法と組み合わせても良いかと思います。

　点字の基本的なルールだけでも覚えておけば、駅の券売機や手すりに書かれた点字案内を読んだり、エレベーターの階数表示を確認したり、商品に付けられた点字表示を読むなど日常的に便利なことも多々ありますので、徐々に他の方法と併用しながらできるようになっていけば良いですね。

　文字を読んだり書いたりする方法としては、パソコンや携帯電話、最近ではタブレット端末の活用が考えられます。

　入力方法も従来から用いられているキーボードを操作する方法の他、最近では音声認識技術を活用しての入力も実用レベルになってきています。

　近年ユニバーサルデザインの普及から各機器にも最初から最低限アクセシビリティー機能が搭載されるようにはなってきていますが、やはりパソコンに画面読み上げソフトや画面拡大ソフトを入れて使用する方法が、現状では便利かと思います。

　また機械の上に原稿を載せれば流暢な合成音声で活字を読み上げてくれる機器もありますので、必要に応じてご活用ください。

3．職業

目が見えない、または見えづらくなる前に行っていた職業を継続できるのが理想ですが、音声パソコンや拡大読書器、点字ディスプレイなどの補助機器の導入や作業方法の見直しで継続できる可能性があります。同じ職場の中で配置転換して業務を見直したり、電話による相談業務や今までの知識・ノウハウを生かした指導業務、クレーム処理業務等々。

職場の研修制度の活用やリハビリテーションを受けての復職など、是非見えなくても見えづらくてもできる業務を模索してみてください。

４．学習環境

目が見えなくても様々な学校への進学や資格の取得が可能です。一般の大学にも障害を支援するセクションを設けている学校もありますし、視覚障害者を対象にした大学もあります。

例えば医者や弁護士、教員、図書館司書、理学療法士、鍼灸あん摩マッサージ師、カウンセラー、介護福祉士、社会福祉士、アーティストなど様々な資格を取って働いている人たちもいます。

試験によっては時間を延長したり、拡大読書器や音声パソコンの持ち込みなど特別な配慮も受けられますので、詳しくは各学校や施設などにお問い合わせください。

５．余暇活動

よく、目が見えないとテレビも見ないと勘違いされますが、目の見えない人の情報入手方法の調査結果でも、テレビが一番多いことがわかります。

続いて多いのがラジオ。テレビ番組や映画などにも副音声や解説放送など楽しめる代替え手段が準備されています。

読書についても、点字図書館や障害者サービスを実施している公共図書館から録音図書や雑誌を借りて読書することができます。

　最近では、サピエ図書館という会員制のインターネットを活用した録音図書や点字図書の配信サービスもありますので、読書も容易になっています。

　政府や地方自治体、市区町村が発行する様々な行政資料の音訳版や点訳版が発行されている他、最近ではホームページのアクセシビリティーを向上させ、視覚障害者にも情報入手がしやすいように工夫されてきています。特にインターネットを利用すれば新聞なども閲覧可能です。

　旅行についても、電車の乗換駅での案内を依頼したり、多少費用は必要ですが、現地で案内してくださるボランティアの方を事前に探してお願いしたり、友人や家族とでかけたりなどいろいろな手段があります。

　スポーツについても、ルールを変更したり、音で確認できるようにボールなどの用具を加工したり、見える人に伴走してもらうなど、いろいろ工夫して楽しんでいる人が多くいます。

　特にスキーやマラソン、ゴルフやセーリング、クライミングなど幅広い分野で障害を持つアスリートが活躍しています。

　料理についても、音声で確認できる「キッチンスケール」や「キッチンタイマー」などもありますし、電磁調理器など安全に料理できるものが市販されています。

　健康管理についても、音声で確認できる体温計や体重計、血圧計などもありますので、これらの機器やボランティアの方の支援をいただきながら、目が見えないまたは見えづらくても、安全を確保しながら一緒に楽しめる余暇活動を今後も増やしていければいいですね。

V 監修のことば

西葛西・井上眼科病院
東京女子医科大学名誉教授
宮　永　嘉　隆

　あの三重苦で生涯を立派に生きぬいたヘレンケラー女史。すでに物心ついた時には三重苦でしたが、その自叙伝にはこうあります。「私は目が見えないことよりも耳が聞こえなかった方が辛かった」と。しかし多くの中途失明の方々が、目が見えなくなることは死に等しい出来事としばしばいわれます。たしかに一度見てしまった世界が見えなくなることは耐えられないことかも知れません。私も多くの中途失明の方々を診てきましたが、皆さんそこで一度立ち止まってしまいます。しかしそこから新しく人生の多くのことを学び始める方々がいます。そして数年後には、全く別人のように有意義な人生を歩んでおられます。

　サミエル・ウルマンの詩に「青春」について書かれたものがあります。「青春とは人生の若い一時をさすものではない。人の心の中にあるものだ。人は信念を持つことで若くあり、疑念とともに老いる。自信とともに若くあり、恐怖とともに老いる。人は希望があるかぎり若く、失望とともに老いる。」自分の中に何か生きる目的を見つけることがどれ程大切なことか教えられます。

　眼科医の立場からお話しします。これからの医学は治療よりも予防医学の時代になって来ます。アンチエイジングとは加齢とともに受け易くなる疾病のリスクをどれだけ阻止出来るか、そして健康老死を全うできるかということです。現在失明の原因の第一位は緑内障です。次いで糖尿病です。どれも早期に発見し治療をすることで失明を防ぐことが出来ます。そして今、眼科にはロービジョン外来もあります。本文で書かれているように iPhone を使うことで多くの情報を得ることも出来ます。今年始まった iPS 細胞を使った眼の再生医療も近い将来に希望を持たせてくれます。しかし何よりも現在の自分の置かれた状態を把握されて、強く、やさしく、そして若く生きていただきたいと思います。